MÉTHODE GRADUÉE

DE LECTURE

POUR LES ÉCOLES ÉLÉMENTAIRES

Ouvrage en gros caractères

ÉTABLI D'APRÈS DE LONGUES EXPÉRIENCES, SUR UN PLAN
FACILE ET D'UNE NOUVELLE DISPOSITION,

Par U. D. S.,

Chefs d'institution,

Membres de l'Université.

PARIS — AUTUN
L. HACHETTE ET Cie   DEFOSSE-MUTEL
Boulevard St.-Germain   Libraire-éditeur

A

MÉTHODE GRADUÉE
DE LECTURE
DIVISÉE EN DEUX PARTIES
A L'USAGE DES ÉCOLES ÉLÉMENTAIRES,

Ouvrage en gros caractères

ÉTABLI D'APRÈS DE LONGUES EXPÉRIENCES, SUR UN PLAN
FACILE ET D'UNE NOUVELLE DISPOSITION,

Par S. R. U. D.,

Membres de l'Université.

Méthode approuvée et recommandée par M. P.-A. B.,
inspecteur primaire.

DEUXIÈME PARTIE.

PARIS — AUTUN

L. HACHETTE ET Cie — DEFOSSE-MUTEL
Boulevard St.-Germain — libraire-éditeur.

A MONSIEUR DEFOSSE-MUTEL

Libraire-Éditeur a Autun.

Monsieur,

J'ai lu et examiné la **Méthode Graduée** que vous m'avez soumise ; je l'ai trouvée on ne se peut plus à la portée des jeunes enfants ; faite sur un plan simple et facile, elle leur donne la facilité d'apprendre les premiers principes de la lecture sans embrouiller leur intelligence.

La disposition de cette méthode doit être généralement appréciée ; toutes les améliorations y ont été apportées ; il serait même à désirer qu'à l'avenir ce petit ouvrage pût servir de modèle aux personnes chargées de l'instruction des enfants.

P. A. BRILLAUT,
Inspecteur primaire, officier d'académie,
membre de la société Nivernaise des sciences, lettres et arts.

―――――

Les exemplaires ayant été déposés, les contrefacteurs seront poursuivis conformément aux lois.

Defosse-Mutel

NOTA — Pour terminer le cours de lecture, vous avez des mêmes auteurs, le Nouveau Manuel de lecture contenant 100 histoires instructives et amusantes, à l'usage de l'enfance et de l'adolescence.

Cet ouvrage est approuvé par Mgr l'évêque d'Autun et M. V. L. directeur d'école Normale.   Prix : 60 cent.

MÉTHODE GRADUÉE
DE LECTURE

DEUXIÈME PARTIE.

PREMIER EXERCICE.

Phrases sur les voyelles accentuées; l'accent aigu é et l'accent grave è.

Paul a bien chanté.
Julie aime les dragées.
Ces cerises sont amères.
Adèle a appris sa leçon.
Cette fable est très jolie.
Demain on a congé.
J'apprendrai à écrire.
François n'a pas boudé.
Le chat aime les souris.
Ces poires sont belles.
J'ai fait mes prières.
La matinée est belle.

IIᵉ EXERCICE

Phrases sur les voyelles doubles ie, oi, ou, *et* in, an, un, on, eu *et sur le tréma* ë, ï *et* ü.

Le poulet est rôti.
J'ai vu une belle oie.
La cloche a un beau son.
Le vin rouge est agréable.
Le chardonneret chante.
L'ouvrier coupe du bois.
La bière est amère.
Papa est parti ce matin.
Ces arbres sont creux.
Le cheval mange l'avoine.
La rivière est profonde.
Ursule a mangé du foie.
On ne doit haïr personne.
Cet enfant est naïf.
La ciguë est un poison.
Saül était roi d'Israël.

IIIᵉ EXERCICE.

Phrases sur les lettres œ, y, ç, qu *et* ph *prononcé comme* f, *et sur la lettre double* w *pour* ou.

**Les bœufs sont forts.
La poule couve les œufs.
Le mystère de la Trinité.
Cet homme est bien loyal.
Le pinçon est très joli.
La façade de la maison.
Voilà de belles bruyères.
Le maçon a bâti ce mur.
Ma sœur est gentille.
Marie a mal aux yeux.
Philippe est pharmacien.
Les gerçures font mal.
Le siphon ne va plus.
Philippine est bien sage.
Le Whist est agréable.
Madame Wanner dîne.**

IVᵉ EXERCICE.

Phrases sur les deux ll mouillées, sur l'h muette et l'h aspirée.

Les bouteilles sont fines.
Ce vin est le meilleur.
La terre a été mouillée.
Ce médaillon est bien fait.
Ces haricots sont bons.
Homère était un savant.
Mon habit ne va pas.
Je vais aller à l'hospice.
L'humidité nuit à la santé
Il a trahi son maître.
Viens voir un héros.
C'est un catholique.
Le hangar est petit.
La cohue est trop grande.
L'honneur de la maison.
Cet hôtel est très vaste.

Vᵉ EXERCICE.

Phrases sur les voyelles inséparables et sur les terminaisons gna, gne, gno.

La campagne est belle.
Eloignez-vous de ce lieu.
Ce poignard coupe bien.
La montagne est élevée.
Le champignon est bon.
Cet enfant est studieux.
Le compagnon de classe.
C'est du ratafia surfin.
Je n'aime pas les oignons.
J'aime les châtaignes.
Ne vous plaignez jamais.
La dignité de cet homme.
Le Seigneur nous aime.
L'ignorance est terrible.
Les vignes sont belles.
Ils doivent venir ce soir.

VIᵉ EXERCICE.

Petite lecture sur les voyelles longues
â, ê, î, ô et û.

Pour quelques raisons que ce soit ne jetez le blâme à personne.

Monseigneur l'évêque doit venir nous dire la messe ce matin.

Cet abîme est très dangereux, ne vous en approchez pas.

Jésus dit aux petits enfants; venez tous à moi.

Valérie n'a pas appris sa leçon; bientôt elle sera punie.

Les abeilles de cette rûche sont parties.

VIIe EXERCICE.

Petite lecture sur les terminaisons
ieu, ion, *et* oin.

Dieu punit les enfants qui désobéissent à leurs parents et à leurs maîtres.

Ne soyez point orgueilleux ; aimez les pauvres ; faites leur l'aumône.

Les bonnes et les mauvaises actions sont toujours présentes à Dieu, rien n'est caché à ses yeux.

Mes enfants, écoutez bien les leçons de vos maîtres si vous ne voulez pas un jour être malheureux.

Ne mentez point, car l'habitude du mensonge conduit au vice.

VIIIᵉ EXERCICE.

Petite lecture sur la terminaison ent.

Les nègres sont noirs, leurs mains et leurs pieds sont noirs, leurs corps et leurs figures sont également noirs.

Les Anglais aiment le bœuf rôti, mais un peu saignant.

Les Hollandais aiment le fromage, la morue, les harengs saurs.

Les Français aiment la soupe, le rôti bien cuit et la salade.

Les Allemands aiment le saucisson, le jambon et la choucroute.

Les Turcs restent toujours assis sur des tapis, ils ont les jambes croisées; ils mangent et boivent dans cette position.

IXᵉ EXERCICE.

Petite lecture courante.

La prière des enfants est très agréable à Dieu, elle leur porte bonheur; elle contribue beaucoup à leur instruction.

Un enfant qui a bon cœur ne manque jamais de prier pour son papa, pour sa maman, pour ses frères et sœurs, et pour ses maîtres.

Dieu a fait le ciel et la terre; il a créé l'homme, les oiseaux et les animaux de toutes espèces. Dieu a créé aussi le soleil qui mûrit les blés, les raisins et les fruits qui sont si agréables à la vue et au goût.

Xe EXERCICE.

Lecture courante.

LA DÉSOBÉISSANCE PUNIE.

Charles est un petit garçon qui n'écoute jamais rien, il veut toujours faire sa volonté.

Son papa lui avait expressément défendu de toucher au feu.

Un soir qu'il était sorti pour affaires, Charles resta seul. Au lieu de s'amuser tranquillement, il aima mieux faire brûler de petits morceaux de papier.

Tout-à-coup il entend son père; dans sa précipitation à cacher les débris qui sont sur la table, il ne fait pas attention à la bougie; le feu prend à sa chevelure; heureusement que son père arriva à temps pour qu'il ne fût pas tout brûlé; mais il resta défiguré toute sa vie.

XIᵉ EXERCICE.

Lecture courante.

LES OREILLES D'ÂNE.

L'autre jour, je suis entré dans une classe; j'ai vu, sur un banc séparé des autres, un petit garçon, qui, je crois, s'appelait Gustave; il avait deux grandes oreilles d'âne.

Je demande au maître : qu'a donc fait ce petit garçon pour être ainsi puni ; alors, il me repondit que cet enfant ne voulait rien apprendre, que toutes les fois qu'on le faisait lire, il pleurait.

C'est bien laid mes enfants d'être paresseux ; écoutez toujours attentivement les leçons de vos maîtres, et ne faites jamais la moue lorsqu'il faut lire.

XIIᵉ EXERCICE.

Lecture courante.

HISTORIETTE.

Un jour, un pauvre vieillard traversant un village, fut poursuivi par une troupe d'enfants qui se moquaient de ses haillons ; il n'y en eût qu'un petit nombre qui en eurent pitié.

Leur étonnement fut très grand quand ils le virent entrer dans une magnifique maison dont il leur dit qu'il était le maître.

Ce bon vieillard avait fait cela pour les éprouver ; il appela alors tous ceux qui avaient eu pitié de lui, et leur donna tout ce qu'ils désirèrent.

Il faut toujours être bon pour les malheureux. Dieu récompense toujours ceux qui font le bien.

XIIIᵉ EXERCICE.

Lecture courante.

LA PETITE GOURMANDE.

La petite Sophie était très gentille; mais elle avait un bien vilain défaut, elle était gourmande. Sa mère qui la gâtait beaucoup lui donnait souvent des friandises, ce qui était loin de la corriger.

Un jour que Sophie resta seule à la maison, au lieu de s'amuser comme une petite fille raisonnable, elle découvrit un pot qui était devant le feu, et fut bien aise d'y voir de bonnes poires qui cuisaient.

Elle était si gourmande qu'elle s'en remplit la bouche pendant qu'elles étaient encore bouillantes; elle cracha bien vite; mais elle s'était horriblement brûlée. Sa mère la gronda sévèrement.

XIVᵉ EXERCICE.

Lecture courante.

LE PINSON ET LA PIE.

Un jour une pie priait un pinson de lui apprendre un de ces jolis airs qu'il chantait si bien.

Le pinson lui répondit : pour que je vous apprenne quelque chose, il faudrait pouvoir vous taire, car un oiseau de votre espèce n'écouta jamais de sa vie.

Je connais bien des enfants qui sont comme la pie; ils causent sans cesse; ces enfants-là n'apprennent jamais rien; ils sont aussi peu avancés en sortant de la classe qu'en y entrant; c'est que pour apprendre, il faut savoir écouter et se taire.

Tachez donc, mes enfants, de garder le silence pendant la classe.

XVᵉ EXERCICE.

Lecture courante.

PAUL ET SA PETITE SOEUR.

Paul était très taquin; il faisait tout ce qu'il pouvait pour contrarier sa petite sœur.

Comme il la savait très peureuse, il imagina un soir de se cacher derrière son lit et de contrefaire le loup. Quand la petite fille vint, elle eut si peur qu'elle en perdit connaissance; pendant huit jours elle eut une grande fièvre qui donna de sérieuses inquiétudes,

Voyez, mes enfants, comme la taquinerie peut faire du mal; je connais beaucoup de petits garçons, et bien des petites filles qui ont ce défaut. S'ils veulent qu'on les aime, il faut qu'ils se corrigent.

XVIᵉ EXERCICE.

Connaissance des saisons, des mois, des semaines, des jours et des années.

Il y a quatre saisons dans l'année qui sont : le Printemps, l'Eté, l'Automne, et l'Hiver.

Il y a douze mois dans l'année qui sont : Janvier, Février, Mars, Avril, Mai, Juin, Juillet, Août, Septembre, Octobre, Novembre et Décembre.

Les mois ont trente et trente et un jours, le mois de Février n'en n'a que vingt-huit, quelques fois il en a vingt-neuf,

Il y a environ quatre semaines dans un mois; la semaine est de sept jours qui sont : Lundi, Mardi, Mercredi, Jeudi, Vendredi, Samedi et Dimanche.

L'année se compose de trois cent soixante-cinq jours, chaque jour est de douze heures; la nuit est aussi de douze heures, ce qui fait qu'il y a dans le jour et dans la nuit vingt-quatre heures.

XVIIᵉ EXERCICE.

CONNAISSANCE DES NOMBRES.

Chiffres arabes.

1 2 3 4 5 6 7
Un, deux. trois, quatre, cinq, six, sept,

8 9 10 11 12 13
huit, neuf, dix, onze, douze, treize,

14 15 16 17 18
quatorze, quinze, seize, dix-sept, dix-huit,

19 20 21 22
dix-neuf, vingt, vingt-un, vingt-deux,

23 24 25
vingt-trois, vingt-quatre, vingt-cinq,

26 27 28 29
vingt-six, vingt-sept, vingt-huit, vingt-neuf,

30 31 32 33
trente, trente-un, trente-deux, trente-trois,

34 35 36
trente-quatre, trente-cinq, trente-six,

37 38 39
trente-sept, trente-huit, trente-neuf,

40 41 42
quarante, quarante-un, quarante-deux.

XVIIIe EXERCICE.

CONNAISSANCE DES NOMBRES.

Chiffres romains.

I	II	III	IV	V	VI	VII
Un,	deux,	trois,	quatre,	cinq,	six,	sept,

VIII	IX	X	XI	XII	XIII
huit,	neuf,	dix,	onze,	douze,	treize,

XIV	XV	XVI	XVII	XVIII
quatorze,	quinze,	seize,	dix-sept,	dix-huit,

XIX	XX	XXI	XXII
dix-neuf,	vingt,	vingt-un,	vingt-deux

XXIII	XXIV	XXV
vingt-trois,	vingt-quatre,	vingt-cinq,

XXVI	XXVII	XXVIII	XXIX
vingt-six,	vingt-sept,	vingt-huit,	vingt-neuf,

XXX	XXXI	XXXII	XXXIII
trente,	trente-un,	trente-deux,	trente-trois.

XXXIV	XXXV	XXXVI
trente-quatre,	trente-cinq,	trente-six,

XXXVII	XXXVIII	XXXIX
trente-sept,	trente-huit,	trente-neuf,

XL	XLI	XLII
quarante,	quarante-un,	quarante-deux.

XIXe EXERCICE.

Sur la ponctuation et sur les abréviations.

PONCTUATION.	ABRÉVIATIONS.
, Virgule.	S. M. *Sa Majesté.*
; Point-et-virgule.	Dem^t *Demeurant.*
. Point.	Dép^t *Département.*
: Deux points.	N. B. *Nota bene.*
? Point interrogatif.	P. S. *post-scriptum*
! Point exclamatif.	Ex. *Excellence.*
.. Points suspensifs.	St. *Saint.*
' Apostrophe.	Ste *Sainte.*
·· Tréma.	7bre *Septembre.*
- Trait d'union.	8bre *Octobre.*
— Tiret.	9bre *Novembre.*
« » Guillemets.	xbre *Décembre.*
§ Paragraphe.	N° *Numéro.*
( ) Parenthèses	1er *Premier.*
[ ] Crochets.	2e *Deuxième.*
* Astérisque.	D^{er} *Dernier.*

PETITES FABLES ET POÉSIES.

LE CHIEN ET LE CHAT.

Un chien vendu par son maître
Brisa sa chaîne, et revint
Au logis qui le vit naître.
Jugez de ce qu'il devint,
Lorsque, pour prix de son zèle,
Il fut, de cette maison,
Reconduit par le bâton
Vers sa demeure nouvelle.
Un vieux chat, son compagnon,
Voyant sa surprise extrême,
En passant lui dit ce mot : —
Tu croyais donc pauvre sot,
Que c'est pour nous qu'on nous aime.
Florian.

L'OISEAU-MOUCHE

Il est si petit qu'il se pert,
Quand du soir souffle la risée ;
Par une goutte il est couvert,
Par une goutte de rosée.
Du chasseur il brave le plomb,
Car où l'atteindre ? Il est si frêle
Et si léger, qu'un cheveu blond

Pèse plus à l'air que son aile.
Il s'endore au millieu des fleurs :
Quand il vole de tige en tige,
Avec son chant et ses couleurs,
Il semble une fleur qui voltige.
Il voit pâlir son vermillon
Si la main d'un enfant le touche.
Il est moins grand qu'un papillon,
Un peu moins petit qu'une mouche.

LÉON GOZLAN.

L'ÉGLISE A LA FIN DU JOUR.

Sur la porte, la croix sainte
A mes yeux montrait l'enceinte
Où l'on vient vous adorer.
Mon Dieu, dans votre demeure,
Vous êtes seul à cette heure,
Et mon cœur m'a dit d'entrer !
Dans cette maison bénie.
Quand la foule est réunie,
Vous vous tenez au milieu;
Vous nous l'apprenez vous-même,
Et près de mes frères j'aime
A me sentir près de Dieu.
Mais quand nul ne vous adore

Ici l'on vous trouve encore,
Et j'accours m'y renfermer;
Cette heure m'est la plus chère,
Et j'ai moins d'efforts à faire,
Il semble, pour vous trouver.
Il semble qu'on vous délaisse;
Alors, toute ma tendresse,
Pour vous, je veux l'épuiser.
A ces pieds que nul n'embrasse,
Plus ému, je prends ma place,
Et je reste à les baiser.

DUCROS DE SIXT.

A UN ENFANT

Oh! bien loin de la voie
Où marche le pécheur,
Chemine où Dieu t'envoie!
Enfant! garde ta joie!
Lis! garde ta blancheur!
Sois humble; que t'importe
Le riche et le puissant?
Un souffle les emporte.
La force la plus forte,
C'est un cœur innocent!
Bien souvent Dieu repousse
Du pied les hautes tours;

Mais dans le nid de mousse,
Où chante une voix douce,
Il regarde toujours !

V. H.

LE LOUP PLAIDANT
CONTRE LE RENARD PAR-DEVANT LE SINGE.

Un loup disait que l'on l'avait volé :
Un renard, son voisin, d'assez mauvaise vie
Pour ce prétendu vol par lui fut appelé.
    Devant le singe Il fut plaidé,
Non point par avocat, mais par chaque partie
    Thémis n'avait pas travaillé,
De mémoire de singe, à fait plus embrouillé
Le magistrat suait en son lit de justice.
    Après qu'on eut bien contesté,
    Répliqué, crié, tempêté,
    Le juge, instruit de leur malice,
Leur dit : Je vous connais mes amis,
Et tous deux vous payerez l'amende :
Toi tu plains, quoi qu'on ne t'ai rien pris,
Et toi, renard, as pris ce que l'on te demande
Le juge prétendait qu'à tort et à travers
On ne saurait manquer, condamnant un
[pervers.
LA FONTAINE

PRIÈRE AVANT LA CLASSE.

✝ Au nom du Père, et du Fils, et du St-Esprit. Ainsi soit-il.

O Dieu Père Éternel de lumière, source de vérité ; vous qui donnez l'intelligence aux petits, la sagesse aux enfants ; je vous suis redevable de mon esprit et de ma mémoire et de tous les autres talents que vous m'avez donnés pour les faire valoir et vous en rendre compte au grand jour du Seigneur. O doux Jésus, faites moi la grâce de bien passer les premières années de ma vie ; faites que je travaille par obéissance et que j'étudie pour votre gloire. Enfin, Seigneur, défendez moi, de la légèreté et du dégoût dans mon travail, car j'en suis rempli ; sanctifiez les occupations qui remplissent la plus grande partie de mon temps, et rendez-les utiles à mon salut.

Ainsi soit-il.

BÉNÉDICTION DE L'HEURE.

A cette heure comme à toute autre, que les noms de Jésus et de Marie règnent dans nos cœurs.

Béni soit l'heureux moment où Jésus-Christ s'est incarné, mort et réssussité pour sauver tous les hommes. Courage ô mon âme! l'Éternité approche. Pensons à bien vivre afin de bien mourir. Ainsi-soit-il.

PRIÈRE APRÈS LA CLASSE.

† Au nom du Père, et du Fils, et du St-Esprit. Ainsi soit-il.

Souvenez-vous ô très pieuse Vierge Marie qu'on n'a jamais entendu dire, qu'aucun de ceux qui ont eu recours à vous, imploré votre secours, demandé vos suffrages, ait été abandonné. Animé d'une pareille confiance, ô Reine des Vierges; j'accours, je viens à vous, et, gémissant sous le poids de mes péchés, je me prosterne à vos pieds.

Ne méprisez pas, ô mère du Verbe, fait homme pour moi, mes très humbles prières; mais écoutez-les favorablement et daignez les exaucer. Ainsi-soit-il.

PRIÈRES.

☦ Au nom du Père, et du Fils, et du Saint-Esprit. Ainsi soit-il.

ORAISON DOMINICALE.

Notre Père, qui êtes aux Cieux, que votre nom soit sanctifié ; que votre règne arrive ; que votre volonté soit faite sur la terre comme au Ciel ; donnez-nous aujourd'hui notre pain de chaque jour ; pardonnez-nous nos offenses comme nous pardonnons à ceux qui nous ont offensés ; et ne nous laissez pas succomber à la tentation ; mais délivrez-nous du mal.

Ainsi soit-il.

SALUTATION ANGÉLIQUE.

Je vous salue, Marie, pleine de grâce, le Seigneur est avec vous ; vous êtes bénie entre toutes les femmes, et Jésus le fruit de vos entrailles est béni.

Sainte Marie, Mère de Dieu, priez pour nous, pauvres pécheurs, maintenant et à l'heure de notre mort. Ainsi soit-il.

SYMBOLE DES APÔTRES.

Je crois en Dieu, le Père Tout-Puissant,

Créateur du Ciel et de la terre ; et en Jésus-Christ, son Fils unique Notre Seigneur, qui a été conçu du Saint-Esprit, est né de la Vierge Marie, a souffert sous Ponce-Pilate, a été crucifié, est mort, a été enseveli, est descendu aux enfers ; le troisième jour est ressuscité des morts, est monté aux Cieux, est assis à la droite de Dieu le Père Tout-Puissant, d'où il viendra juger les vivants et les morts.

Je crois au Saint-Esprit, la sainte Eglise Catholique, la communion des Saints, la rémission des péchés, la résurrection de la chair, la vie éternelle. Ainsi soit-il.

CONFESSION DES PÉCHÉS.

Je confesse à Dieu Tout-Puissant, à la bienheureuse Marie, toujours Vierge, à saint Michel Archange, à saint Jean-Baptiste, aux apôtres saint Pierre et saint Paul, à tous les Saints, et à vous mon Père, que j'ai beaucoup péché par pensées, par paroles et par actions : c'est ma faute, c'est ma faute, c'est ma très grande faute. C'est pourquoi je prie la bienheureuse Marie, toujours Vierge, saint Michel Archange, saint Jean-Baptiste, les Apôtres saint Pierre et saint Paul, tous les

Saints, et vous mon Père, de prier pour moi le Seigneur notre Dieu.

Que le Dieu Tout-Puissant nous fasse miséricorde, et qu'après nous avoir pardonné nos péchés, il nous conduise à la vie éternelle. Ainsi soit-il.

Que le Seigneur Tout-Puissant et tout miséricordieux nous accorde le pardon, l'absolution et la rémission de nos péchés. Ainsi soit-il.

LES COMMANDEMENTS DE DIEU.

1. Un seul Dieu tu adoreras,
   Et aimeras parfaitement.
2. Dieu en vain tu ne jureras,
   Ni autre chose pareillement.
3. Les Dimanches tu garderas,
   En servant Dieu dévotement.
4. Tes père et mère honoreras,
   Afin de vivre longuement.
5. Homicide point ne seras,
   De fait ni volontairement.
6. Luxurieux point ne seras,
   De corps ni de consentement.
7. Le bien d'autrui tu ne prendras,
   Ni retiendras à ton escient.
8. Faux témoignage ne diras,
   Ni mentiras aucunement.

9. L'œuvre de chair ne désireras
   Qu'en mariage seulement.
10. Biens d'autrui ne convoiteras,
    Pour les avoir injustement.

LES COMMANDEMENTS DE L'ÉGLISE.

1. Les fêtes tu sanctifieras,
   Qui te sont de commandement.
2. Les Dimanches messe ouïras,
   Et les Fêtes pareillement.
3. Tous tes péchés confesseras,
   A tout le moins une fois l'an.
4. Ton Créateur tu recevras,
   Au moins à Pâques humblement.
5. Quatre-temps, Vigiles, jeuneras,
   Et le carême entièrement.
6. Vendredi chair ne mangeras,
   Ni le samedi mêmement.

Faites nous, ô mon Dieu! la grâce d'accomplir fidèlement ces commandements.

ACTE DE FOI.

Mon Dieu je crois fermement tout ce que la Sainte Église catholique, apostolique et romaine m'ordonne de croire, parce que c'est vous, ô vérité infaillible, qui le lui avez révélé.

ACTE D'ESPÉRANCE.

Mon Dieu, j'espère, avec une ferme

confiance, que vous me donnerez, par le mérites de Jésus-Christ, votre grâce en c monde, et, si j'observe vos commande ments, votre gloire dans l'autre; parc que vous me l'avez promis, et que vou êtes fidèle dans vos promesses.

ACTE DE CHARITÉ

Mon Dieu, je vous aime de tout mo cœur et par-dessus toutes choses, parc que vous êtes infiniment bon, infinimen aimable et j'aime mon prochain comm moi-même pour l'amour de vous.

ACTE DE CONTRITION.

Mon Dieu, mon Père, j'ai un extrêm regret de vous avoir offensé, parce qu vous êtes infiniment bon, infiniment aima ble, et que le péché vous déplaît; pardon nez-moi, par les mérites de Jésus-Chris mon Sauveur. Je fais un ferme propos moyennant votre sainte grâce, de n'y plus retomber, d'en éviter les occasions, et d'er faire pénitence.

FIN DE LA DEUXIÈME PARTIE.

Autun, imp. de Duployer.

MAISON DEFOSSE-MUTEL A AUTUN

MÉTHODE GRADUÉE DE LECTURE à l'usage des écoles élémentaires. Cet ouvrage est imprimé en gros caractères et sur beau papier; il forme deux parties. La première cartonnée . . » 25

La deuxième partie, contient des petites fables et les prières qui se disent avant et après les classes. Prix cartonné . . . . » 30

Les deux parties réunies en un vol. cart. » 50
TABLEAUX pour la méthode graduée . 2 »
MÉTHODE DE LECTURE par M. A. Peigné » 50
MÉTHODE latine de Royer . . . . » 30
MÉTHODES de Royer, Larousse, Mary, etc, etc.

LIVRES DE LECTURE

GÉOGRAPHIE du jeune âge, contenant les connaissances les plus importantes de la géographie, et principalement les départements de Saône-et-Loire, de la Nièvre, de l'Allier et de la Côte-d'Or, recommandée par M. l'inspecteur primaire édition sur beau papier et avec carte, . » 50
ÉVANGILES, HISTOIRE SAINTE et PSAUTIER, ch. » 60
PSAUTIER précédé de la méthode latine » 75
HIST. DE FRANCE, St-Ouen et Ansart; chacune 75
GRAMMAIRE de Maugars, avec questionnaires et exercices . . . . . . » 60
id. de Larousse, Noël et Chapsal, Académie etc.
COURS DE LECTURES MORALES, approuvé par Monseigneur l'archevêque de Paris 1,25
HIST. de la religion, doctrines, hist. de l'Église et la bible, ch. . . . . 1 »
LETTRES de Mme de Sévigné pour la jeunesse 1,25
MORALE pratique et la patrie par Barrau, ch. 1 50
LECTURES sur les sciences, et sur les grandes inventions, ch. 1,50
MANUSCRITS Delapalme, id. sur la politesse id. Hachette . . » 20 c. 1,25 1.50

Autun, Impr. Duployer.

www.ingramcontent.com/pod-product-compliance
Lightning Source LLC
Chambersburg PA
CBHW060901050426
42453CB00010B/1525